MI MEJOR AMIGA
Piensa en chicos más que yo!

ISBN: 9781532788130
Written by/ Escrito por: Sulma Arzu-Brown
Illustrations by/Ilustrado por: Bunch Ketty
Interpreted by/ Interpretado por: Isabel Martin Buendia
Designed by/ Diseñado por :Pedro D. Medina

Dedication

To God be the glory for giving me purpose!
This book is dedicated to my best friend Aisha Harris
and my best cousin Helen Cook. They were my voice
of reason - so young and yet so wise. Aisha and Helen
were called to heaven on September 11th, 2001.

Dedicatoria

¡A Dios sea la gloria por darme un
propósito maravilloso! A mi mejor amiga Aisha Harris
y a mi prima más cercana Helen Cook. Fueron la voz de
mi razón, tan jóvenes y a la vez tan sabias.
Aisha y Helen se fueron al cielo el 11 de septiembre de 2001.

Mi mejor amiga piensa en chicos más que yo!

Hello, What's your name?

¿Hola Cómo te llamas?

....

....

Hi, I'm Aisha!

Hi, I'm Helen!

My BEST FRIEND likes boys more than me!

MI MEJOR AMIGA

piensa en chicos más que yo!

Mi mejor amiga piensa en chicos más que yo.

My best friend likes boys more than me.

Los considera un regalo para el ser humano.

She thinks they're a
gift to humanity.

Mi mejor amiga piensa en chicos más que yo.

My best friend likes boys more than me.

She daydreams about them all the time.

Mi mejor amiga piensa en chicos más que yo.

My best friend likes boys more than me.

Habla de ellos conmigo día y noche.

She talks about them day in and day out.

My best friend likes boys more than me.

Dibuja corazones con sus nombres por todos lado.

She draws hearts with their names all around.

Mi mejor amiga piensa en chicos más que yo.

My best friend likes boys more than me.

Y de el siempre espera una invitación.

She is waiting for them to ask her out.

Mi mejor amiga piensa en chicos más que yo,
tanto que sus notas en la escuela bajaron.

My best friend likes boys more than me,
So much that her grades in school dropped.

Al final tuve que preguntar
"amiga, ¿qué es lo que pasa contigo?
Todo a su tiempo. No permitas
que tus notas caigan al piso".

I finally asked, "What's up with that?"
I said to her, "All in due time.
You can't just let your grades decline!"

Todavía estamos en la escuela secundaria.
No hemos aprendido las habilidades necesarias.

We are only now in middle school.
We haven't gained the proper tools.

Y cuando llegue la fiesta de graduación
ganaremos su admiracion.

And by the time prom comes
we'll be more relevant.

Mi mejor amiga *todavía*
piensa en chicos
más que yo, pero...

My best friend *still* likes boys
more than me, but...

ahora YO sé que
¡eso no lo es todo!

Now *I* know they're not priority!

My Best Friend likes boys more than me!

Questions
Preguntas

Mi Mejor Amiga piensa en chicos más que yo!

HELEN

Tell me about your best friend
Háblame de tu mejor amiga

What is your best friend's name?
¿Cuál es el nombre de tu mejor amiga?
_____

How old is your best friend?
¿Qué edad tiene tu mejor amiga?
_____

When, Where & How did you meet?
¿Cuándo, dónde y cómo os conocisteis?
_____
_____

Why is your best friend special to you?
¿Por qué tu mejor amiga es especial para ti?
_____
_____
_____

What is your best friend's favorite color?
¿Cuál es el color preferido de tu mejor amiga?
_____
_____
_____

What is her favorite subject in school?
¿Qué nota saca en la escuela tu mejor amiga?
_____

What are your best friends grades in school:
¿Cuál es su asignatura preferida de la escuela?

Math/ Matemáticas____ Science/ Ciencia _____

English/ Inglés _____ History/ Historia _____

Who is your best friend's hero?
¿Cuál es el héroe o heroína de tu mejor amiga?
_____

HELEN

What is your best friend's biggest fear?
¿Cuál es el mayor miedo de tu mejor amiga?

What do you most admire about your best friend?
¿Qué es lo que más admiras de tu mejor amiga?

What favorite memory do you two share?
¿Cuál es tu recuerdo común preferido?

What is the one thing that annoys you most about your best friend?
¿Cuál es la cosa que te molesta más de tu mejor amiga?

What is the last book your best friend read?
¿Cuál fue el último libro que leyó tu mejor amiga?

Is your best friend allergic to anything?
¿Es tu mejor amiga alérgica a algo?

What is your best friend's favorite animal?
¿Cuál es el animal preferido de tu mejor amiga?

Can you describe your best friend in one word?
¿Puedes describir a tu mejor amiga con una palabra?

Tell Me about yourself
Háblame de ti

What is your favorite color?
¿Cuál es tu color preferido?

_____
_____

What is your favorite movie?
¿Cuál es tu película preferida?

_____
_____

What is your favorite subject in school?
¿Cuál es tu asignatura preferida del colegio?

_____
_____

What are your grades in school?
¿Qué notas sacas en la escuela?

Math/ Matemáticas_____ Science/ Ciencia _____
English/ Inglés _____ History/ Historia _____

What do you want to be when you are older?
¿Qué quieres ser cuando crezcas?

_____
_____

What places in the world do you want to visit?
¿Qué lugares del mundo te gustaría visitar?

_____
_____

Do you want to rent your home or own it?
¿Quieres vivir de alquiler o tener tu casa en propiedad?

_____
_____
_____

What qualities do you look for in a best friend?
¿Qué cualidades buscas en una mejor amiga?

_____

_____

What are the two things your best friend does not know about you?
¿Qué dos cosas no sabe tu mejor amiga sobre ti?

_____

_____

What adult does your best friend trust the most?
¿En qué adultos confía más tu mejor amiga?

_____

_____

What adult do you trust most?
¿En qué adulto confías más tú?

_____

_____

What places in the world do you want to visit when you are older?
¿Qué lugares del mundo quieres visitar cuando crezcas?

_____

_____

Do you have a mentor?
¿Tienes un mentor?

_____

_____

What college do you want to attend?
¿A qué universidad quieres ir?

_____

_____

_____

FAVORITE PHOTO
My Best Friend and I

FOTO FAVORITA
Mi mejor amiga y yo

About Us
Quiénes Somos

Conoce al dúo dinámico compuesto por la
autora Sulma Arzu-Brown y la
ilustradora Bunch Ketty.
Divididas por tierra y unidas por medio de Facebook Messenger.

Meet the dynamic duo
Author Sulma Arzu Brown and Illustrator Bunch Ketty.
Divided by land, united by Facebook Messenger.

Sobre la autora

Sulma Arzu-Brown es una orgullosa mujer garífuna, nacida en Honduras, Centro América. La comunidad garífuna es el grupo de caribeños negraos que vive en la costa de Centroamérica. Sulma vino a la ciudad de Nueva York a la tierna a la edad de 6 años. A lo largo de su vida, sus padres le inculcaron la creencia de que el pensamiento progresista, la educación y unos valores fuertes son los pilares clave para alcanzar el éxito personal y profesional. Arzu-Brown obtuvo su Licenciatura en Artes en Lehman College. Está casada con su mejor amigo de la universidad, Maurice Brown, y es la orgullosa madre de dos niñas preciosas, inteligentes y dinámicas, Suleni Tisani y Bella-Victoria. Las pequeñas fueron la inspiración de su primer libro, "Bad Hair Does Not Exist!/Pelo Malo No Existe!". El libro enseña solidaridad y respeto a través de una cuestión tan simple y relevante como es el cabello.

About The Author

Sulma Arzu-Brown is a proud Garifuna woman from Honduras, Central America. The Garifuna people are the Black Caribs living on the coastland of Central America. She came to New York City at the tender age of six. Throughout her life, Sulma's parents instilled the belief that progressive thinking, education and sound values were the key to success in one's personal and professional life. Sulma was awarded the Bachelor of Arts Degree from Lehman College. Sulma Arzu-Brown is married to her college best friend, Maurice Brown, and is the proud mother of two beautiful, intelligent and dynamic girls, Suleni Tisani and Bella-Victoria. Her girls were the inspiration for her first book "Bad Hair Does Not Exist/Pelo Malo No Existe!" The book teaches cultural solidarity and respect through hair.

Sobre la ilustradora

Bunch Ketty es una ilustradora que publica de forma independiente. Ketty pinta desde que tiene memoria. Su pasión es ilustrar libros para niños que expresen la multiculturalidad en la que vivimos. Ketty cree en la importancia de ver y tener acceso a imágenes que reflejen la diversidad de las razas de todo el mundo. El trabajo de Ketty puede verse en los libros Colette Market", "Marake and Gold Seeker" y "Funny Parrot and Activity Books", distribuidos en Europa. El libro "My Best Friend likes Boys More Than Me!/Mi Mejor Amiga Piensa En Chicos Más Que Yo", realizado en colaboración con Sulma Arzu-Brown, es su primer libro en el mercado americano. Con su talento y manera única de crear expresiones artísticas, Ketty aspira a participar en más aventuras y proyectos que le permitan expandir su pasión. Ketty es original de la Guayana Francesa y actualmente reside en Toulouse faancia junto a su dulce hija Kloaway.

Conoce más acerca de Ketty:
www.facebook.com/tassussu
kettybunch.wordpress.com

Dedicatoria
"Gracias, Sulma, con todo mi corazón por la oportunidad de colaborar contigo en este proyecto"

About The Illustrator

Bunch Ketty is a self-published illustrator. Ketty has been drawing ever since she can remember. Her passion is illustrating books for multicultural children. Ketty believes that it is important to see more images that are reflective of the diversity of race throughout the world. Ketty's work can be seen in the books "Colette Market," "Marake and Gold Seeker," and "Funny Parrot and Activity Books" distributed throughout Europe. The book

"My Best Friend likes Boys More Than Me!" in collaboration with Sulma Arzu-Brown is her first project for the US Market. With her talent and unique art form, Ketty looks forward to more adventures and projects that will allow her to expand on her passion. Ketty is a native of French Guiana and currently resides in Toulouse, France with her sweet daughter Kloaway.

Learn more about Ketty
www.facebook.com/tassussu
kettybunch.wordpress.com

Dedication
"Thank you, Sulma with all my heart for the opportunity to collaborate with you on this project"

"No hay ningún chico a esta edad que sea lo sufi cientemente lindo o interesante como para interrumpir vuestra educación. Si me hubiera preocupado por a quién le gustaba o quién pensaba que era guapa cuando tenía vuestra edad, no me habría casado con el presidente de los Estados Unidos".

Michelle Obama
FLOTUS

"There is no boy, at this age, that is cute enough or interesting enough to stop you from getting your education. If I had worried about who liked me and who thought I was cute when I was your age, I wouldn't be married to the president of the United States."

Michelle Obama
FLOTUS

Descubre más sobre Sulma Arzu-Brown y
adquiere otros libros visitando
www.nopelomalo.com

To learn more about Sulma Arzu-Brown
and buy more of her books,
visit www.nopelomalo.com

Made in the USA
Middletown, DE
09 January 2021